AF216493

学校 - ښوونځی 2
旅行 - سفر 5
交通运输 - ټرانسپورټ 8
城市 - ښار 10
地形 - منظره 14
餐馆 - ریسټورانټ 17
超市 - لوی پلورنځی 20
饮料 - څښاک 22
食物 - خواړه 23
农场 - کرونده 27
房子 - کور 31
客厅 - د اوسیدو خونه 33
厨房 - پخلنځی 35
浴室 - حمام 38
儿童房 - د ماشوم خونه 42
衣服 - پوښاک 44
办公室 - دفتر 49
经济 - اقتصاد 51
职业 - مسلکونه 53
工具 - لوازم 56
乐器 - د میوزیک آلات 57
动物园 - ژوبڼ 59
体育 - ورزش 62
活动 - فعالیتونه 63
家 - کورنی 67
身体 - بدن 68
医院 - روغتون 72
紧急情况 - عاجل 76
地球 - ځمکه 77
钟表 - ساعت 79
周 - اونی 80
年 - کال 81
形状 - شکلونه 83
颜色 - رنګونه 84
反义词 - متضاد 85
数字 - شمیرې 88
语言 - ژبې 90
谁/什么/怎样 - څوک/څه/څنګه 91
方位 - چیرې 92

Impressum
Verlag: BABADADA GmbH, Nedderfeld 112 , 22529 Hamburg
Geschäftsführer / Verlagsleitung: Harald Hof
Druck: Books on Demand GmbH, In de Tarpen 42, 22848 Norderstedt

Imprint
Publisher: BABADADA GmbH, Nedderfeld 112 , 22529 Hamburg, Germany
Managing Director / Publishing direction: Harald Hof
Print: Books on Demand GmbH, In de Tarpen 42, 22848 Norderstedt, Germany

学校

ښوونځی

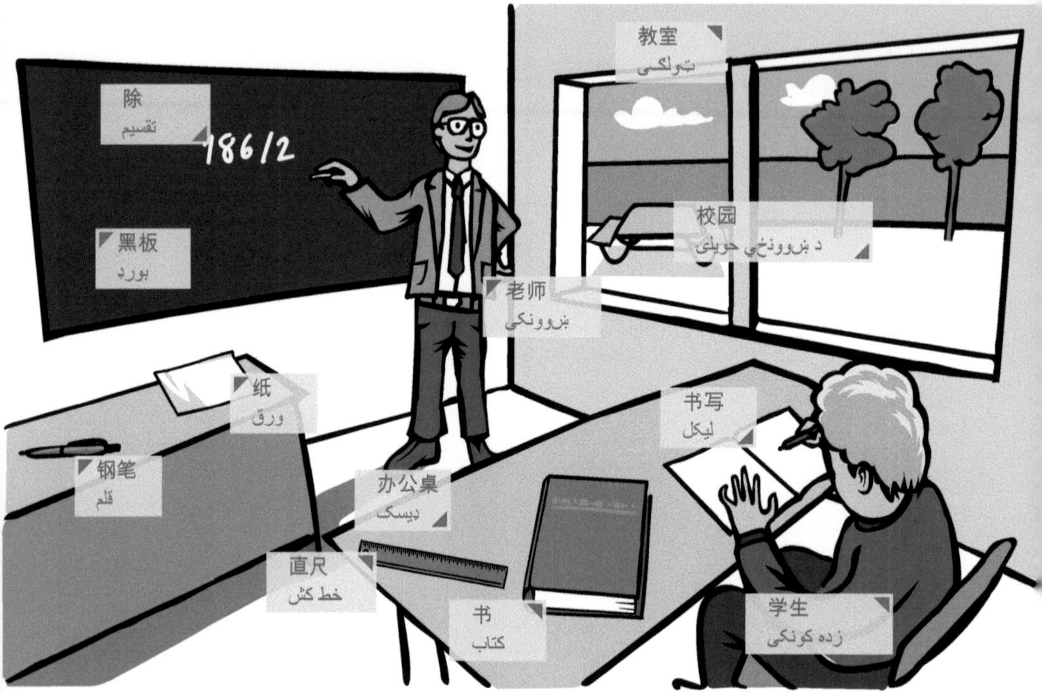

教室
ټولګی
除
تقسیم
186/2
黑板
بورډ
校园
د ښوونځي حویلۍ
老师
ښوونکی
纸
ورق
书写
لیکل
钢笔
قلم
办公桌
دیسک
直尺
خط کش
书
کتاب
学生
زده کونکی

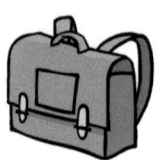

书包

کڅوړه

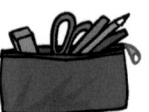

铅笔盒

د پنسل بکسه

铅笔

پنسل

卷笔刀

پنسل تراش

橡皮擦

ربړ

画板

د رسامۍ پاڼه

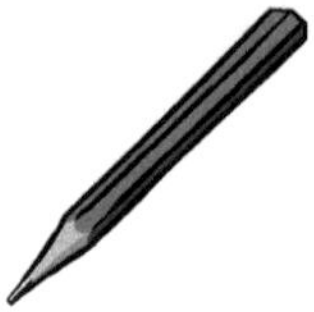

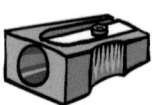

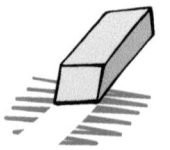

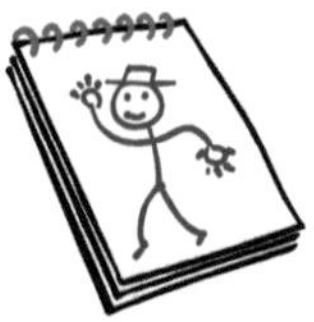

图画

رسامي

画笔

د نقاشۍ برس

颜料盒

د نقاشۍ بکس

剪刀

قیچي

胶水

سریښ

练习册

د تمرین کتاب

家庭作业

کورنۍ دنده

数字

شمیر

2+2

加

جمع

5-2

减

منفي

2×2

乘

ضرب

计算

حساب

A

字母

توری

ABCDEFG
HIJKLMN
OPQRSTU
VWXYZ

字母表

الفبا

hello

字

کلمه

课文

متن

读

لوستل

粉笔

تباشير

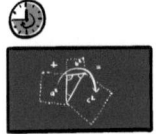

上课

درس

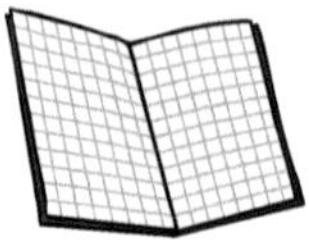

登记

راجستر

考试

ازموينه

证书

تصديق پاڼه

校服

د ښوونځي يونيفارم

教育

تعليم

百科全书

دايره المعارف

大学

پوهنتون

显微镜

مايكروسكوپ

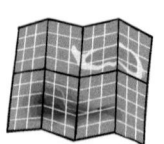

地图

نقشه

废纸篓

اشغالدانی

酒店
هوټل
ليليه
外币兑换处
د اسعارو د تبادلې دفتر
手提箱
بکس
汽车
موټر

语言

ژبه

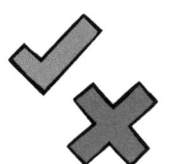

是/否

هو/نه

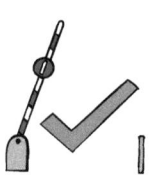

好的

سمه ده

您好

سلام

翻译员

ژباړونکی

谢谢

مننه

......多少钱？

څومره دي...؟

我不明白

زه نه پوهیږم

问题

ستونزه

晚上好！

ماښام مو پخیر!

早上好！

سهار په خیر!

晚安！

شپه په خیر!

再见

په مخه مو ښه

方向

لارښود

行李

سامان

包

بیک

双肩包

شاتنی بکس

客人

میلمه

房间

خونه

睡袋

د خوب کڅوړه

帐篷

خیمه

旅游信息

د توریزم معلومات

海滩

ساحل

信用卡

کریدیت کارت

早餐

ناری

午餐

د غرمي خواره

晚餐

د شپې خواره

票

ټیکټ

电梯

لفټ

邮票

مهر

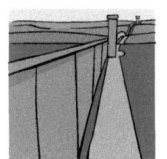

边界

پوله

海关

کمرک

大使馆

سفارت

签证

ویزه

护照

پاسپورت

交通运输

ټرانسپورټ

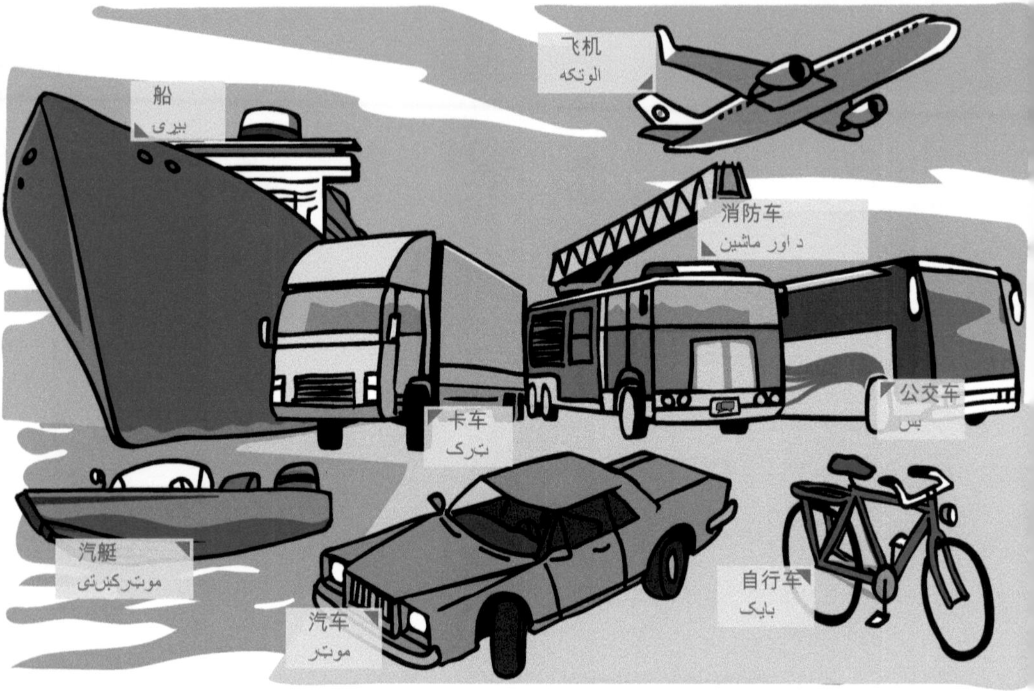

飞机
الوتکه
船
بېړۍ
消防车
د اور ماشین
公交车
بس
卡车
ټرک
汽艇
موټرکښتۍ
汽车
موټر
自行车
بایک

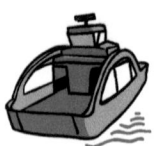

摆渡船

کښتۍ

小船

کښتۍ

摩托车

موټرسایکل

警车

د پولیسو موټر

赛车

د ریس موټر

租车

کرایی موټر

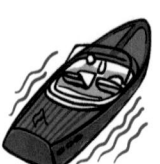

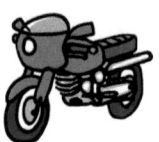

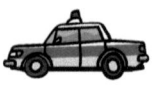

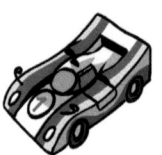

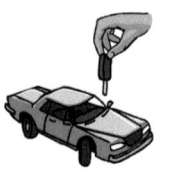

拼车

د کرایه موټرې

拖车

جرثقیل لرونکی ټرک

垃圾车

ریفیوز ټرک

发动机

موټر

汽油

سونګ توکي

加油站

پټرول سټیشن

交通标志

ترافیکي نښه

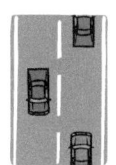

交通

ترافیک

交通堵塞

جام ترافیک

停车场

د موټرو تمځای

火车站

د ریل سټیشن

轨道

پاټکي

火车

ریل

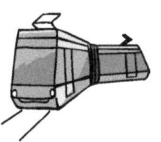

电车

ټرام

货车

واګون

直升机

چورلکه

机场

هوايي ډګر

塔

برج

乘客

مسافر

集装箱

کانټېنر

纸板箱

کارتون

手推车

کارټ

篮子

ټوکرۍ

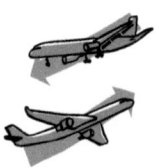

起飞/降落

الوتنه کول/کښېناستل

城市

ښار

村庄

کلی

市中心

د ښار مرکز

房子

کور

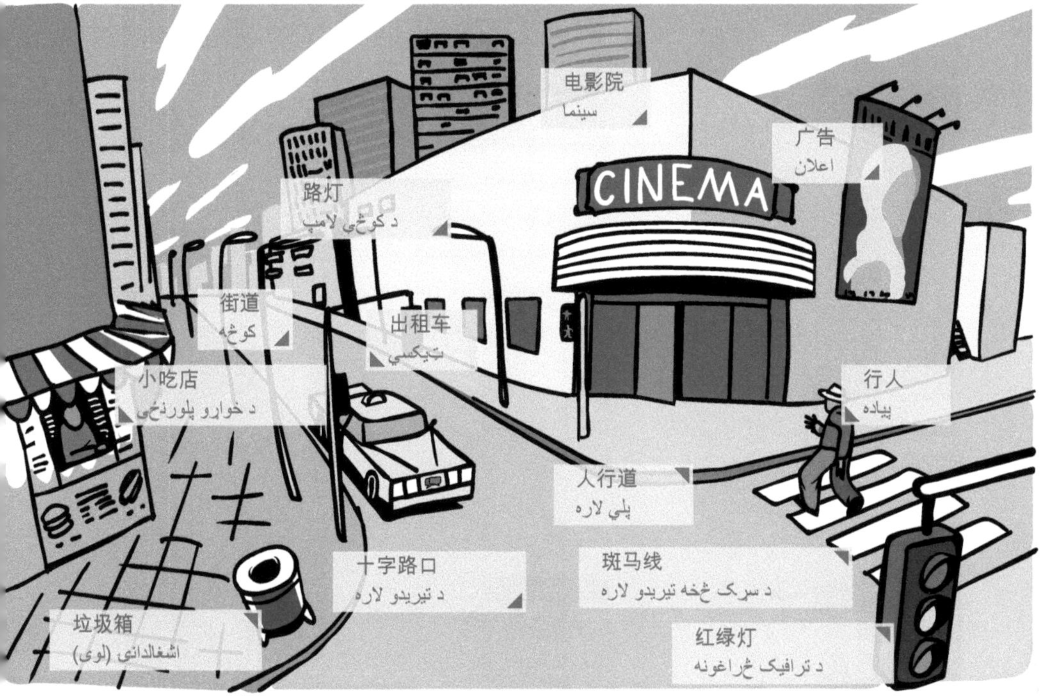

电影院
سینما

广告
اعلان

路灯
دکوڅي لامپ

街道
کوڅه

出租车
ټیکسي

CINEMA

行人
پیاده

小吃店
د خوارو پلورنځی

人行道
پلي لاره

十字路口
د تیریدو لاره

斑马线
د سرک څخه تیریدو لاره

垃圾箱
اشغالدانئی (لوی)

红绿灯
د ترافیک څراغونه

小屋

کوډله

公寓

اپارتمان

火车站

د ریل سټیشن

市政厅

ټاون هال

博物馆

میوزیم

学校

ښوونځی

大学

پوهنتون

银行

بانک

医院

روغتون

酒店

هوټل

药房

درملتون

办公室

دفتر

书店

کتاب پلورنځی

商店

پلورنځی

花店

د ګلانو پلورنځی

超市

لوی پلورنځی

市场

مارکيټ

百货商店

د ډیپارټمنټ سټور

鱼店

کب پلورنځی

购物中心

د پلور مرکز

海港

لنګرتون

公园

پارک

长凳

بېنچ

桥

پل

楼梯

زينه

地铁

د ځمکي لاندې

隧道

تونل

公交车站

بس تمځای

酒吧

بار

餐馆

ريسټورانټ

邮筒

پوست بکس

路标

د کوڅې نښه

停车计时器

د پارک کولو میټر

动物园

ژوبڼ

游泳馆

د لامبو حوض

清真寺

مسجد

农场

كرونده

污染

ناپاکي

墓地

هدیره

教堂

چرچ

操场

د لوبو ډګر

寺庙

معبد/کلیسا

地形

منظره

树叶
پانه

指示牌
د لارښوونې نښه

路
لاره

草地
چمن

石头
کانۍ

树
ونه

徒步旅行者
هیکر

河
سیند

草
واښه

花
ګل

峡谷

دره

山

غونډی

湖

ناور

森林

ځنګل

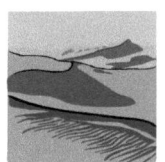

沙漠

دشته

火山

اورشيندی

城堡

کلا

彩虹

رنګين کمان

蘑菇

مرخيړي

棕榈树

پلم ونه

蚊子

ماشي

苍蝇

الوتل

蚂蚁

میږی

蜜蜂

مچی

蜘蛛

غونډل/جولا

甲虫

گونګټ

青蛙

چونګښه

松鼠

نولی

刺猬

زیږکی

野兔

سوی

猫头鹰

ګونګ

鸟

مرغۍ

天鹅

قازه

野猪

نرخوګ

鹿

هوسۍ

麋鹿

ګاوزه

水坝

بند

风力发电机

بادي توربين

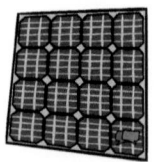

太阳能电池板

سولر تختي

气候

اقليم

服务员
پېشخدمت
菜单
مينو
椅子
汤
سوپ
披萨饼
پيزا
餐具
بڼاخۍ، چاقو، کاشوغه
桌布

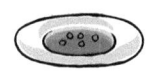

前菜

سټارټر

主菜

اصلي خواړه

甜点

شيريني

饮料

څښاک

食物

خواړه

瓶子

بوتل

快餐

فاسټ فوډ

街边小吃

د کوڅې خواړه

茶壶

چای جوش

糖盒

قندانی

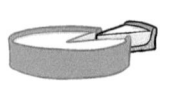

一份饭菜

برخه

意式咖啡机

اسپرسو مشین

高脚椅

لوړه چوکۍ

账单

رسید

托盘

مجمه

刀

چاکو

餐叉

پنجه

勺子

قاشق

茶匙

چای قاشق

餐巾

سورویت

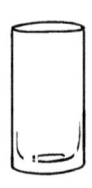

玻璃杯

ګلاس

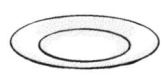

碟子

پلیټ

汤盘

د سوپ پلیټ

碟子

نالبکۍ

酱

ساس

盐瓶

مالګه شیندونکی

胡椒磨

د مرچ ټکولو لوخی

醋

سرکه

食用油

غوړي

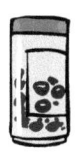

调味料

مساله

番茄酱

کچ اپ

芥末

شرشم

蛋黄酱

چکه

超市

لوی پلورنځی

特价
FOR
顾客
پیرودونکی
乳制品
لبنیات
水果
میوه
购物车
لاسي څرخ

肉铺

قصابي

面包房

نانوایی

称重

وزن کول

蔬菜

سبزیجات

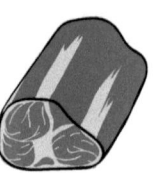

肉

غوښه

冷冻食品

کنګل خواړه

冷盘

يخه غوښه

罐头食品

کنسروا خواړه

洗衣粉

د مینځلو پوډر

甜食

شيريني

日用品

کورني توليدات

清洁用品

د پاکولو محصولات

销售員

د پلور فرد

收银机

د نغدي راجستر

收银员

صراف

购物清单

د پيرود ليست

开放时间

کاري ساعتونه

钱包

بټوه

信用卡

کريډيټ کارت

袋子

کڅوړه

塑料袋

پلاستيک کڅوړه

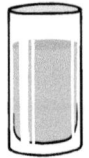

饮料

څښاک

水

اوبه

果汁

جوس

牛奶

شیده

可乐

کوک

红酒

واین

啤酒

بیر

酒

الکول

可可

ککاو

茶

چای

咖啡

کافي

意式浓缩咖啡

اسپرسو

卡布奇诺

کپچینو

香蕉

کیله

苹果

مڼه

橙子

نارنج

西瓜

هندواڼه

柠檬

لیمو

胡萝卜

ګازره

大蒜

هوږه

竹子

بانکس

洋葱

پیاز

蘑菇

مرخیړي

坚果

چغزی

面条

آش

意大利面条

سپيګټي

米饭

وريجي

沙拉

سلاد

薯条

چپس

炸土豆

سره کړي کچالو

披萨饼

پيزا

汉堡包

همبرګر

三明治

سانډويچ

炸猪排

کتره

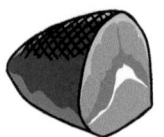

火腿

د پتون غوښه

萨拉米

سلمي

香肠

ساسچ

鸡肉

چرګ

烤肉

روسټ

鱼

کب

燕麦片

د وربشي شيرني

穆兹利

موسلي

玉米片

د جوار پلی

面粉

اوړه

羊角面包

کروسانت

面包卷

د ډوډۍ رول

面包

ډوډۍ

烤面包

ټوسټ

饼干

بسکیټ

黄油

کوچ

凝乳

چکه

蛋糕

کیک

蛋

هګۍ

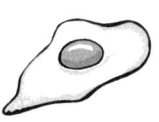

煎蛋

پښې هګۍ

奶酪

پنیر

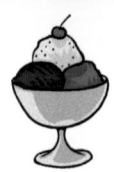

冰激凌

آیس کریم

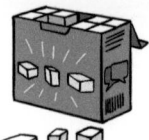

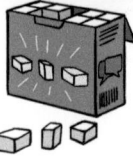

糖

بوره

蜂蜜

شهد

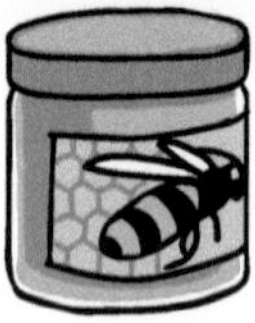

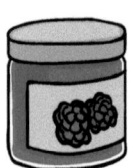

果酱

مربا

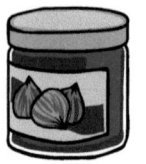

巧克力酱

نوګات کریم

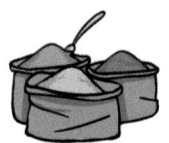

咖喱饭

کورکمان

农场
كرونده

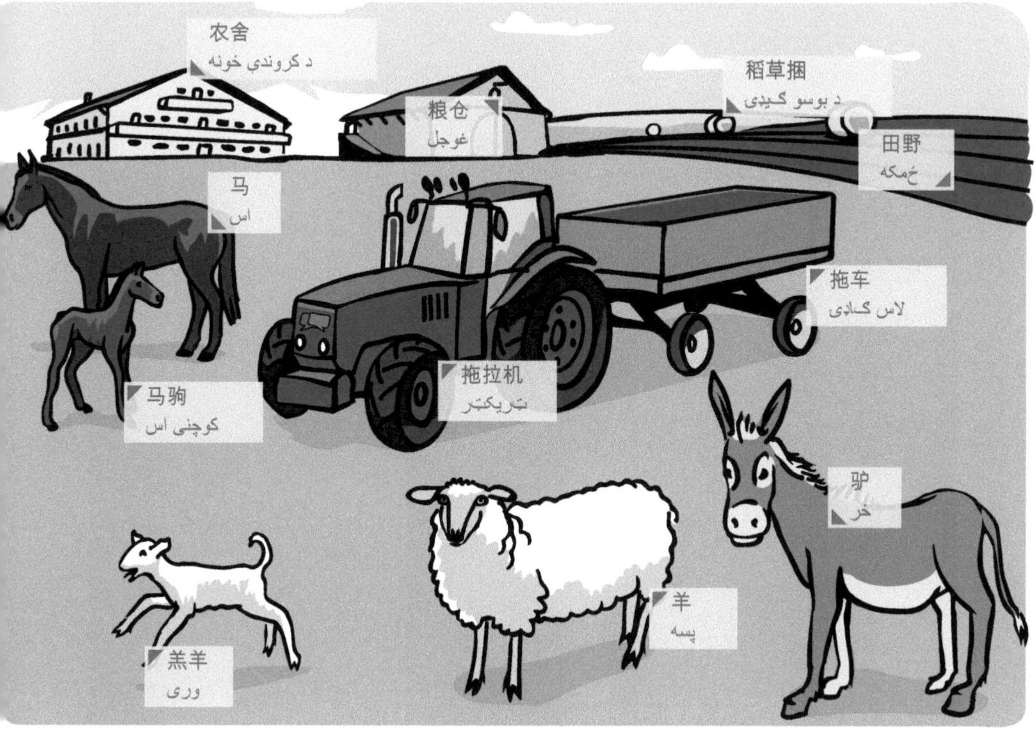

农舍
د كروندي خونه
粮仓
غوجل
稻草捆
د بوسو گیدی
田野
ځمكه
马
اس
拖车
لاس گادی
马驹
كوچنی اس
拖拉机
تریکتر
驴
خر
羊
پسه
羔羊
وری

山羊

وزه

奶牛

غوا

牛犊

خوسکی

猪

خوګ

小猪

د خوګ بچی

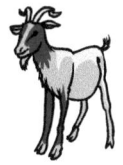

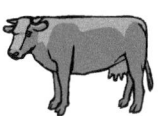

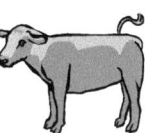

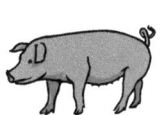

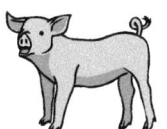

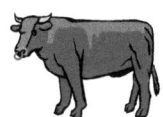

公牛

غویی

鹅

بته

鸭

هیلۍ

小鸡

چرگوری

母鸡

چرگه

公鸡

بانگـي

鼠

سارای موږک

猫

پیشک

老鼠

موږک

牛

غویی

狗

سپی

狗屋

د سپي خونه

花园浇水软管

د باغ هوز

洒水壶

د اوبو لوخی

长柄大镰刀

لور (داس)

犁

یوی

镰刀

لور

锄头

رمبی

长柄草耙

بښاخی

斧头

تبر

独轮手推车

کراچی

饲料槽

ناوه

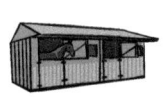

牛奶罐

د شيدو لوخی

麻布袋

جوال

栅栏

کټاره

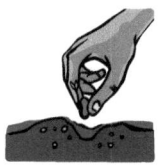

马厩

مضبوط

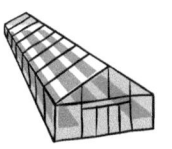

温室

شنه خونه

土壤

خاوره

种子

تخم

肥料

سره/کود

联合收割机

ګډ ريبونکی ماشين

收割

زیرمه کول

收割

درمند

山药

خواږه کچالو

小麦

غنم

大豆

سویا

土豆

کچالو

玉米

جوار

油菜籽

نباتي تخم

果树

د میوې ونه

树薯

مانیوک

谷物

غله

房子

کور

烟囱
屋顶
بام
落水管
ناودان
窗户
车库
ګراج
门铃
د دروازې زنګ
门
دروازه
垃圾桶
اشغالدانی
信箱
د لیک بکس
花园
باغ

客厅

د اوسیدو خونه

浴室

حمام

厨房

پخلنځی

卧室

د ویده کیدو خونه

儿童房

د ماشوم خونه

餐厅

د خوړو خونه

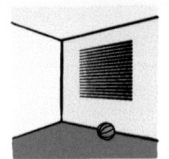

地板

فرش

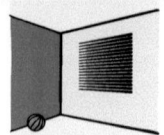

墙壁

دیوال

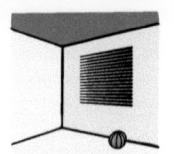

吊顶

چت

地窖

زیرخانه

桑拿

سونا

阳台

بالکوني

露台

تراس

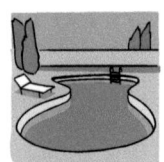

游泳池

حوض

割草机

د چمن وهلو ماشین

被单

شیټ

床罩

روجایی

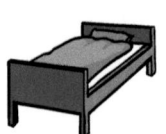

床

تخت

扫帚

جارو

水桶

بوکه

开关

سویچ

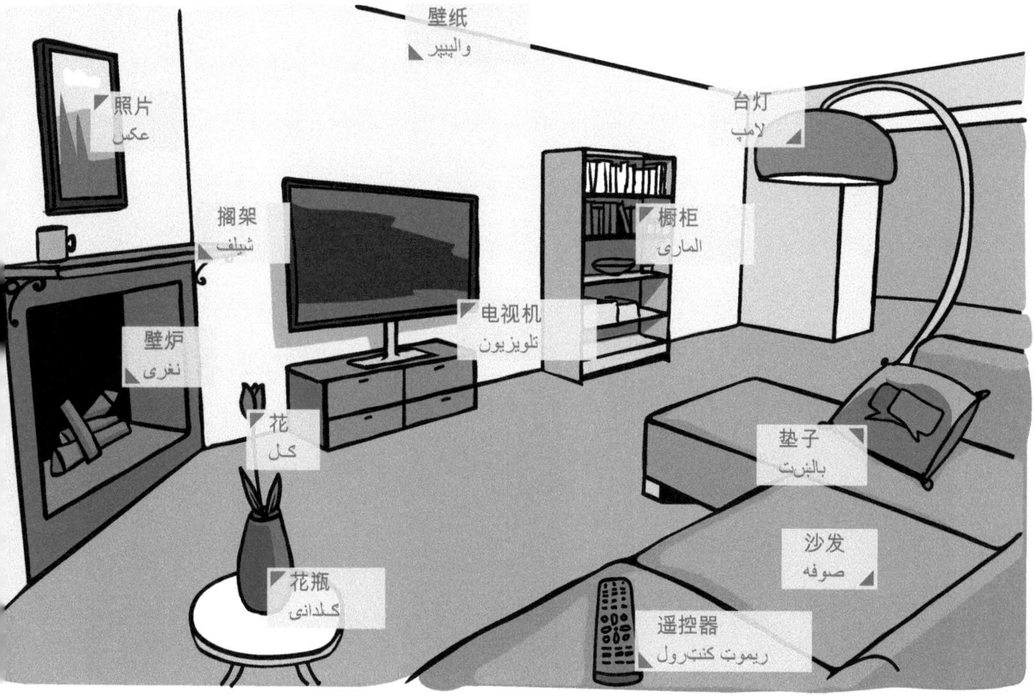

客厅

د اوسيدو خونه

壁纸
والپیپر
照片
عکس
台灯
لامپ
搁架
شیلف
橱柜
الماری
电视机
تلویزیون
壁炉
نغری
花
ګل
垫子
بالښت
沙发
صوفه
花瓶
ګلدانی
遥控器
ریموټ کنټرول

地毯
غالی

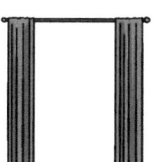

窗帘
پرده

餐桌
میز

椅子
چوکی

摇椅
تاویدونکي چوکی

扶手椅
بازو لرونکی چوکی

书

كتاب

毯子

كمپل

装饰品

ډيكوريشن

木柴

د اور لرګي

电影

فلم

高保真音响

هاي‌فاى

钥匙

كلي

报纸

ورځپاڼه

油画

نقاشي

海报

پوسټر

收音机

راډيو

笔记本

كتابچه

吸尘器

واكيوم جارو

仙人掌

كاكتوس

蜡烛

شمع

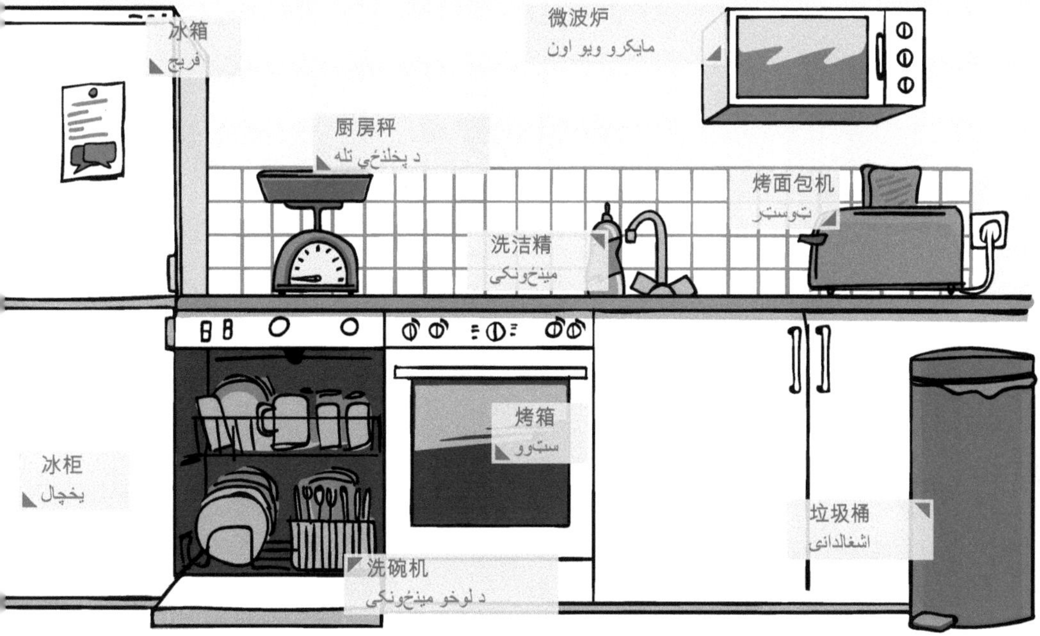

冰箱
فریج

微波炉
مایکرو ویو اون

厨房秤
د پخلنځي تله

洗洁精
مینځونکی

烤面包机
ټوسټر

冰柜
یخچال

烤箱
سټوو

洗碗机
د لوخو مینځونکی

垃圾桶
اشغالدانئ

炊具
دیگ بخار

锅
لوخی

铸铁锅
چدني لوخی

炒锅
ووک

平底锅
د تلی په

水壶
چای جوش

蒸锅

د بخار دیگ

烤盘

پتنوس

陶瓷锅

لوخي

马克杯

مګ

碗

کاسه

筷子

د رانیولو اوزار

长柄勺

څمڅۍ

铲子

کفګیر

搅拌器

پاکونکی

滤网

صافي

筛子

غلبیل

磨碎机

ګریټر

研钵

اونګ

烧烤

بار بي کيو

明火

خلاص اور

菜板

تخته

擀面杖

هوارونکی

开瓶器

کارک سکریو

罐子

ټیم

开罐器

د ټیم خلاصونکی

隔热手套

د لوخي ټوټه

水槽

ظرف شوی

刷子

برس

海绵

سپنج

搅拌机

بلیندر

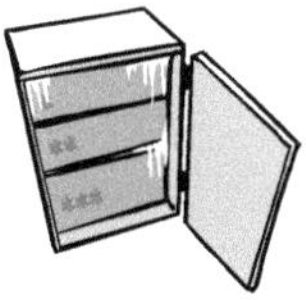

冷藏箱

ژور یخچال

奶瓶

د ماشوم بوتل

水龙头

نل

浴室

حمام

淋浴
شاور
供暖设备
تودول
毛巾
جان پاک
浴帘
د شاور پرده
泡沫浴
ببل حمام
浴缸
د حمام ټب
玻璃杯
ګلاس
洗衣机
د مينځلو مشين
水龙头
نل
瓷砖
ټايلونه
便壶
يو ډول کمود
水槽
ظرف شوی

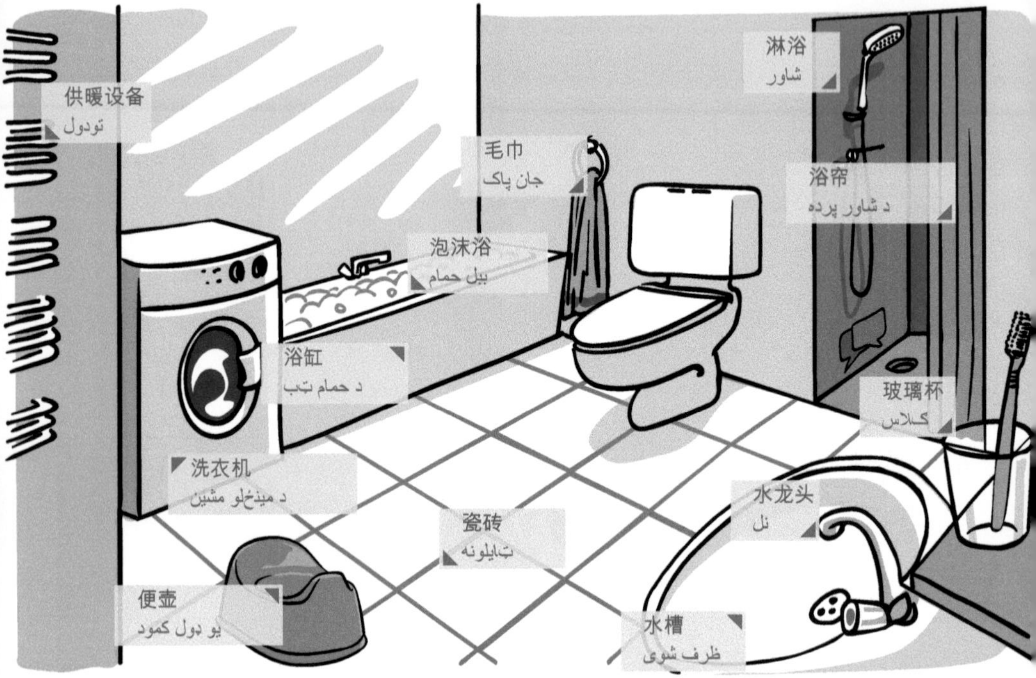

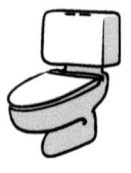

厕所

تشناب

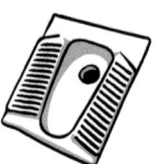

蹲便器

فرشي کمود

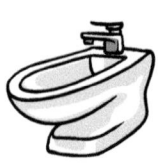

坐浴器

کمود

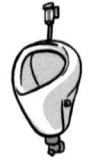

小便池

د متيازو ځای

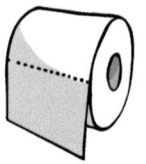

厕纸

تشناب کاغذ

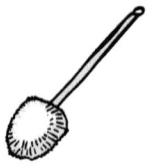

马桶刷

د تشناب برس

牙刷

د غاښونو برس

牙膏

د غاښونو کريم

牙线

د غاښونو نخ

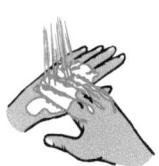

洗

مينځل

手持式喷淋头

لاسي شاور

冲洗器

دوش

洗脸盆

خانک

擦背刷

د شا برس

肥皂

صابون

沐浴露

د شاور ژل

洗发水

شامپو

法兰绒

فلانل جامه

排水

وچول

乳霜

کريم

除臭剂

سپرې

镜子

آینه

手镜

لاسي آینه

剃须刀

ریزر

剃须泡沫

د خریلو فوم

须后水

د خریلو وروسته

梳子

ګمنځ

刷子

برس

吹风机

د ویښتانو وچونکی

喷发定型剂

د ویښتانو سپری

化妆品

میک اپ

唇膏

لیپ سټیک

指甲油

د نوکانو پالش

化妆棉

کاټن وری

指甲剪

ناخن ګیر

香水

عطر

洗漱包

د مینځلو کڅوړه

凳子

سټول

计重秤

د وزن کولو تله

浴袍

د حمام پوښاک

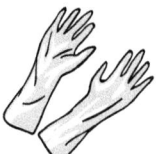

橡胶手套

د ربړ دستکش

卫生棉条

ټامپون

卫生巾

صحیي جان پاک

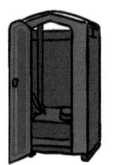

化学厕所

کیمیکل تشناب

儿童房

د ماشوم خونه

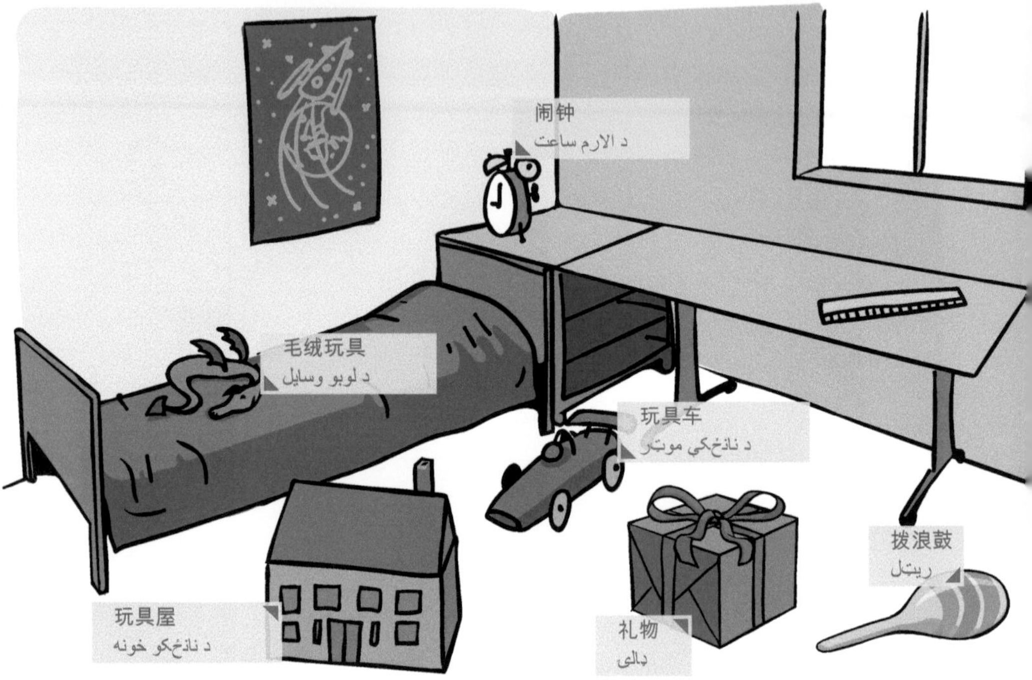

闹钟
د الارم ساعت
毛绒玩具
د لوبو وسایل
玩具车
د نانځکي موټر
拨浪鼓
ریټل
玩具屋
د نانځکو خونه
礼物
ډالۍ

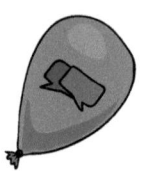

气球

بالون

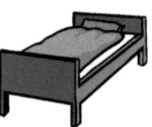

床

تخت

（洋娃娃用）婴儿车

کالسکه

扑克牌

د لوبو ورقې

拼图

جیګسا

SUPER
MEGA

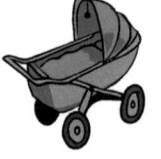

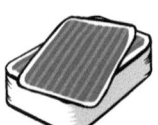

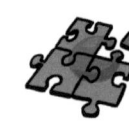

漫画

مسخره

乐高积木

ليګو بريک

积木玩具

د ناڅکو بلاک

玩具人

د اکشن فيګور

婴儿服

د ماشوم پوښاک

飞盘

فريزبي

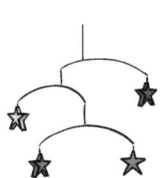

床铃玩具

موبايل

棋盘游戏

بورډ لوبه

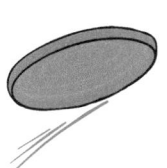

骰子

تاس

火车模型

ماډل ريل سيټ

安抚奶嘴

ګونګشی

聚会

پارټي

绘本

د عکسونو البوم

球

بال

洋娃娃

ناڅکه

玩

لوبيدل

沙坑

د شګو کنده

秋千

سوینګ

玩具

نانځکي

游戏机

د ویډیو لوبو کنسول

三轮车

ټرای سایکل

泰迪熊

ګوډکه

衣柜

د کالو الماری

衣服

پوښاک

袜子

جرابي

长袜

لوړي جرابي

紧身裤

ټایټس

围巾
زروکی
雨伞
چترى
T恤
皮带
کمربند
靴子
拖鞋
运动鞋
سنيکر

凉鞋

سينډل

鞋

بوټان

雨靴

د ربړ بوټان

内裤

زيرنيكري

胸罩

سينه بند

背心

واسکټ

身体

بادي

裤子

پتلون

牛仔裤

جينز

短裙

لمن

女式衬衫

بلاوز

衬衫

شرټ

套头衫

بنيان

卫衣

سویټر

西装夹克

بلیزر

夹克

جاکټ

外套

کوټ

雨衣

د باران کوټ

套装

پوښاک

连衣裙

کالي

婚纱

د واده پوښاک

西装

دريشي

睡袍

د شپې پوښاک

睡衣

پاجامه

莎丽

ساړي

头巾

لوپټه

包头巾

پټکی

波卡

برقه

卡夫坦

کفتن

(阿拉伯式)长袍

عبا

泳衣

د لامبو پوښاک

男式泳裤

نیکر

短裤

شارټ

运动服

د ځغاستې پوښاک

围裙

پیش بند

手套

دستکش

纽扣

بټن

眼镜

عینک

手链

لاس بند

项链

غاړه کۍ

戒指

ګوتمه

耳环

غوږوالۍ

便帽

خولۍ

衣架

کوټ بند

帽子

خولۍ

领带

ټایی

拉链

ځنځیر

头盔

هیلمیټ

背带

ترونکی

校服

د ښوونځي یونیفارم

制服

یونیفارم

围兜

بيب

安抚奶嘴

ګونګشی

尿不湿

نيپي

办公室
دفتر

服务器
سرور
文件柜
د دوسيه الماری
打印机
پرينټر
纸
ورق
显示屏
مانيټور
鼠标
ماوس
ډيسک
文件夹
键盘
کي بورډ
废纸筐
اشغالدانی
电脑
کمپيوټر
椅子
چوکی

咖啡杯

د کافي پياله

计算器

کالکوليټر

因特网

انټرنيټ

笔记本电脑

لپ ټاپ

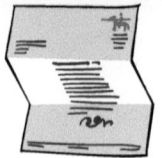

信件

لیک

消息

پیغام

手机

موبایل

网络

نیټورک

复印机

فوټوکاپیر

软件

سافټویر

电话

تلیفون

插座

پلک ساکټ

传真机

فکس مشین

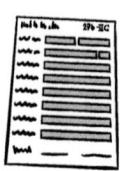

表格

فارم

文件

سند

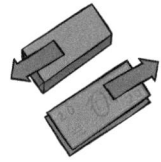

买

پیرل

付钱

تادیه کول

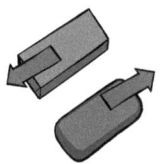

交易

سوداګري کول

现金

پیسي

美元

ډالر

欧元

یورو

日元

ین

卢布

ربل

瑞士法郎

سویسي فرانک

CNY

人民币

رینمینبي یوان

卢比

روپۍ

提款处

د نغدي پیسو ځای

外币兑换处

د اسعارو د تبادلي دفتر

金

سره زر

银

سپین زر

石油

تیل

能源

انرژي

价格

نرخ

合同

قرارداد

税金

مالیه

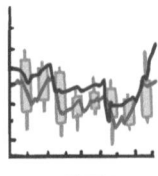

股票

اسهام

工作

کار کول

职员

کارمند

老板

کار گومارونکی

工厂

فابریکه

商店

پلورنځی

职业

مسلکونه

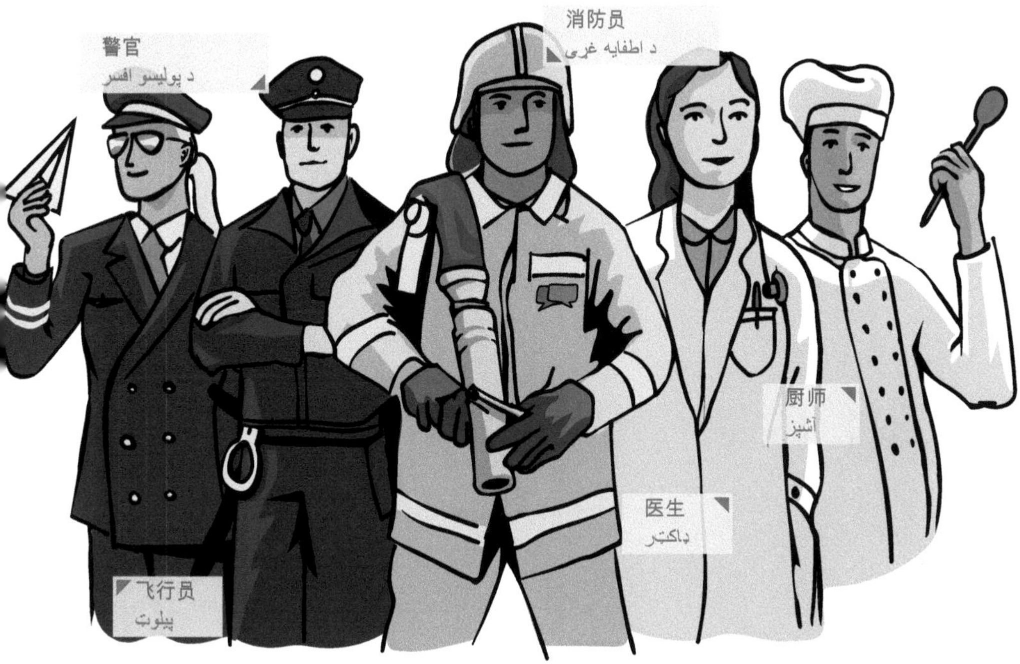
警官
د پولیسو افسر
消防员
د اطفایه غړی
厨师
آشپز
医生
ډاکټر
飞行员
پیلوټ

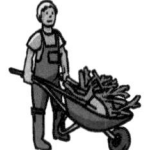

园丁

باغوان

木匠

نجار

裁缝

خیاط

法官

قاضي

化学家

کیمیا پوه

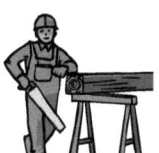

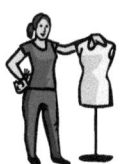

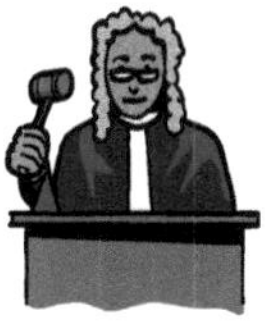

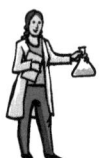

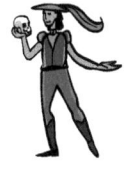

演员

د فلم لوبغاړی

公交车司机

د بس ډرایور

出租车司机

د ټېکسي ډرایور

渔夫

کب نیونکی

清洁女工

خدمه

屋顶工

بام جوړونکی

服务员

پیشخدمت

猎人

ښکاري

画家

نقاش

面包师

نانوا

电工

د برښنا کارکونکی

建筑工人

تعمیر جوړونکی

工程师

انجنیر

屠夫

قصاب

水管工

نلدوان

邮递员

پوست رسونکی

士兵

سرتیری

建筑师

مهندس

收银员

صراف

花农

مالیار

理发师

نایی

售票员

کلینډر

机械师

میکانیک

船长

کپتان

牙医

د غاښونو ډاکټر

科学家

ساینس پوه

拉比

ښاغلی

伊玛目

امام

和尚

مذهبي نفر

牧师

پادري

工具

لوازم

钳子
پلاس
铁锤
螺丝刀
پیچکش
手电筒
څراغ
扳手
رینچ

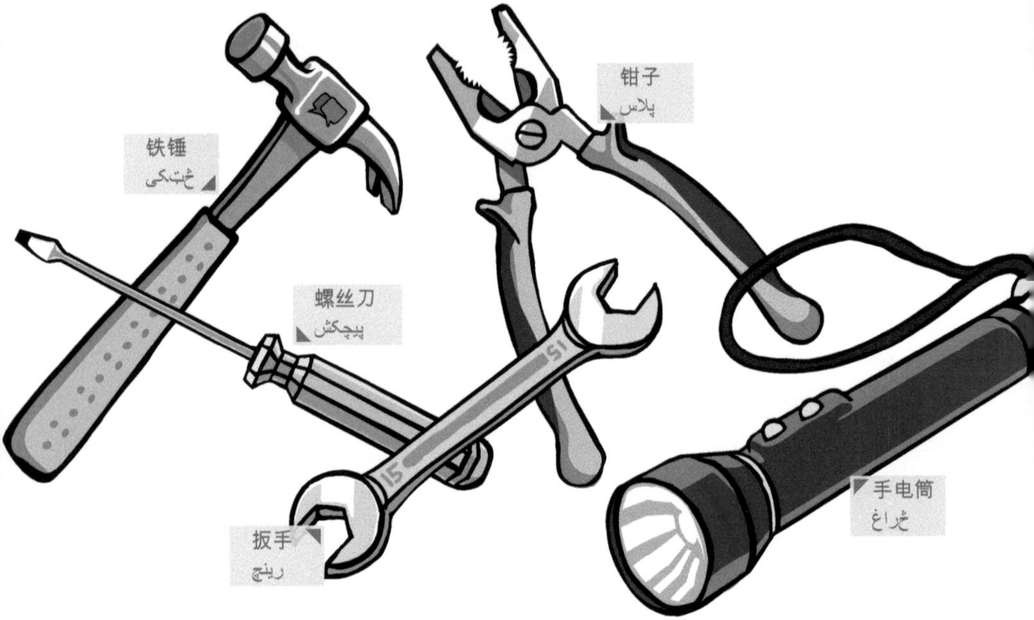

挖掘机

کنستونکی

工具箱

د لوازمو بکس

梯子

زینه

锯子

اره

钉子

میخونه

钻机

برمه

修
ترمیم کول

铲子
بیل

靠！
لعنت!

簸箕
خاک انداز

油漆桶
مشوانۍ

螺丝
پیچونه

乐器
د میوزیک آلات

打击乐器
درم سیټ

扬声器
لاود سپیکر

吉他
ګیتار

低音提琴
کنترباس

小号
ترومپیټ

钢琴

پیانو

小提琴

وایلن

贝斯

باس

定音鼓

نغاره

鼓

ډرمونه

电子琴

کي بورډ

萨克斯管

سیکسافون

长笛

شپیلۍ

麦克风

مایکروفون

老虎
پړانگ

入口
ننوتو لاره

笼子
پنجره

斑马
کوره خر

动物饲料
د ژوبيو خواړه

熊猫
پانډا

动物
ژوی

大象
هاتي

袋鼠
کنګرو

犀牛
د اوبو اسپ

大猩猩
ګوريلا

熊
ايږه

骆驼

اوښ

鸵鸟

شترمرغ

狮子

زمری

猴子

بیزو

火烈鸟

غزی

鹦鹉

طوطي

北极熊

قطبي ایږه

企鹅

پینګوین

鲨鱼

شارک

孔雀

طاوس

蛇

مار

鳄鱼

تمساح

动物园管理员

ژوبڼ ساتونکی

海豹

سیل

美洲豹

جګوار

矮种马

يابو

豹

پړانګ

河马

هيپو

长颈鹿

زرافه

老鹰

باز

野猪

نرخوک

鱼

کب

龟

شمشتۍ

海象

سمندري نولی

狐狸

ګیدړه

羚羊

هوسۍ

体育
ورزش

橄榄球
امریکایی فټبال
骑自行车
سایکل ځغلول
网球
篮球
باسکیټبال
游泳
لامبو
拳击
باکسینګ
冰球
د کنګل هاکي

英式足球

فټبال

羽毛球

کسیزه

田径

د ځغاستي لوبي

手球

د هندبال

滑雪

سکي

马球

پولو

跳
توپ وهل

拥抱
غاړه ورکول

笑
خندل

走路
کرخیدل

唱
سندري ویل

做梦
خوب لیدل

祈祷
عبادت کول

亲吻
مچو کول

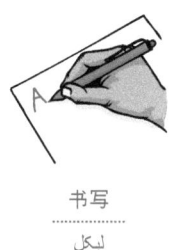

书写
لیکل

画
کښل

展示
ښودل

推
ټیله کول

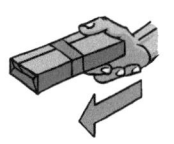

给
ورکول

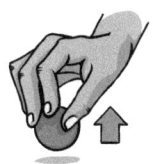

拿
اخیستل

有

درلودل

做

کول

当

پاییدل

站

ودریدل

跑

منډې وهل

拉

راکښل

扔

ګوزارل

摔倒

لویدل

躺

څملاستل

等待

انتظار کول

携带

وړل

坐

کښیناستل

穿衣

پوښاک اغوستل

睡觉

ویده کیدل

醒来

پاڅیدل

看

کتل

哭

ژړل

抚摸

برید کول

梳头

ګمنځ کول

交谈

خبرې کول

明白

پوهیدل

问

غوښتل

听

اوریدل

喝

څښل

吃

خوړل

清理

پاکول

爱

مینه کول

做饭

پخلی کول

开车

موټر چلول

飞

الوتل

航行

بیړۍ چلول

计算

حساب

读

لوستل

学习

زده کول

工作

کار کول

结婚

واده کول

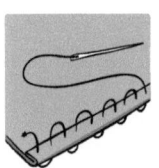

缝

ګنډل

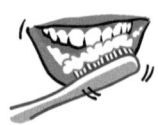

刷牙

د غاښونو برس کول

杀

وژل

抽烟

سګرټ څښل

寄

لېږل

祖母
نیا
祖父
نیکه
父亲
پلار
母亲
مور
婴童
ماشوم
女儿
لور
儿子
زوی

客人

میلمه

阿姨

ترور

叔叔

کاکا/ماما

兄弟

ورور

姐妹

خور

身体

بدن

前额
تندی
眼睛
肩膀
اوږه
手指
ګوته
脸
مخ
下巴
زنه
手
لاس
腿
پښه
乳房
سينه
手臂
مټ

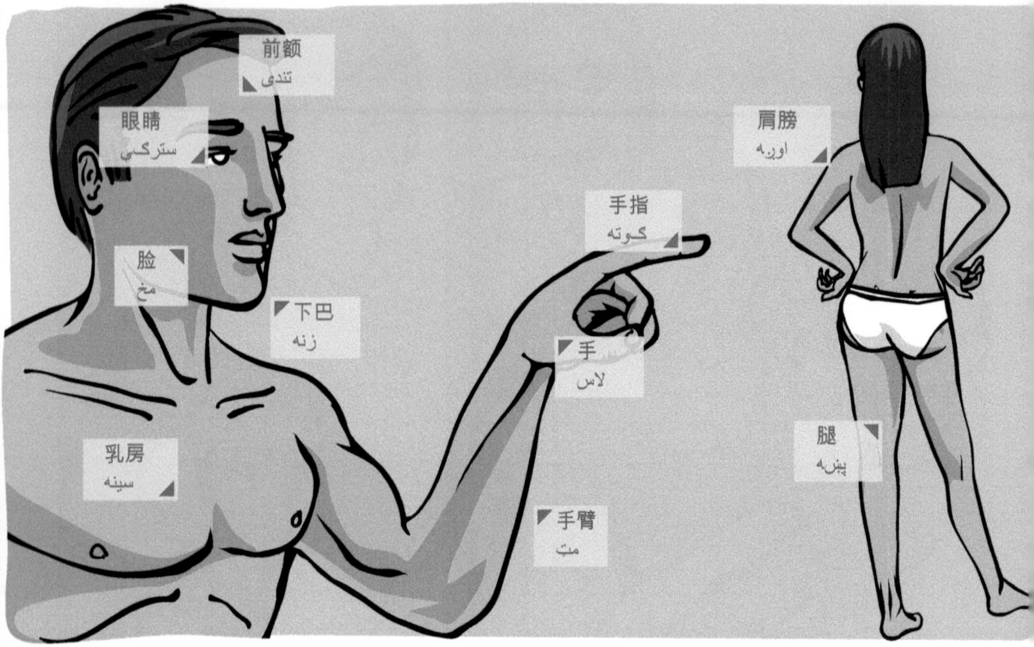

婴童

ماشوم

男人

سړی

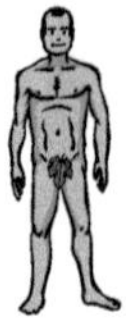

女人

ښځه

女孩

انجلۍ

男孩

هلک

头

سر

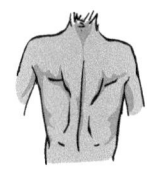

背部

شا

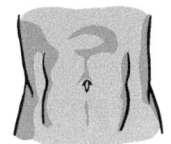

肚子

خيټه

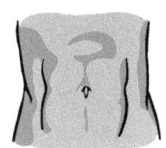

肚脐

نوم

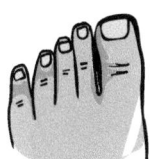

脚趾

د پښې ګوته

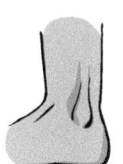

脚后跟

پونده

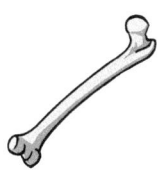

骨头

هډوکی

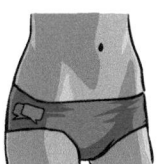

臀部

کوناټی

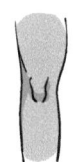

膝盖

زنګون

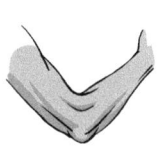

手肘

څنګل

鼻子

پوزه

屁股

لاندې برخه

皮肤

پوټکی

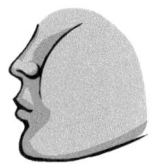

脸颊

غومبوری

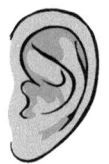

耳朵

غوږ

嘴唇

شونډه

嘴

خوله

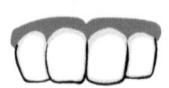

牙齿

غاښ

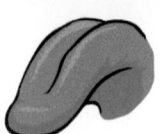

舌头

ژبه

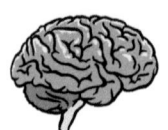

脑

مغز

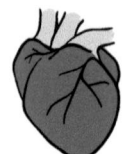

心脏

زړه

肌肉

عضله

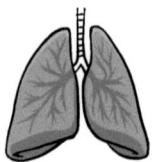

肺

سږی

肝脏

ځیګر

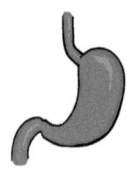

胃

معده

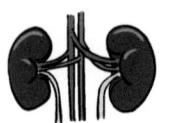

肾脏

پښتورګي

性交

جنسي نږدې والی

避孕套

کاندوم

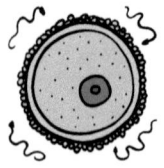

卵子

تخمه

精子

مني

怀孕

حمل

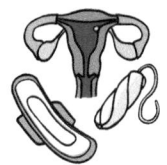

月经

حيض

阴道

مهبل

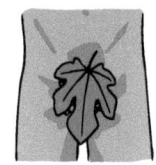

阴茎

د نارينه تناسلي آله

眉毛

وروځی

头发

ویښته

脖子

غاړه

医院

روغتون

救护车
امبولانس
轮椅
ویل چیر
骨折
کسر

医生

ډاکټر

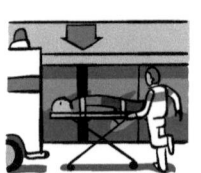

急诊室

عاجل خونه

护士

رنځورپال

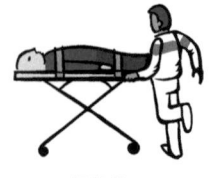

紧急情况

عاجل

昏迷

بې هوش

痛

درد

受伤

ټپ

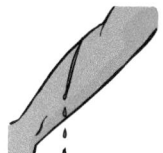

出血

وینه تویدل

心脏病发作

د زړه حمله

中风

ضرب

过敏

حساسیت

咳嗽

ټوخی

发烧

تبه

流感

انفلوینزا

腹泻

نس ناستی

头痛

سر درد

癌症

سرطان

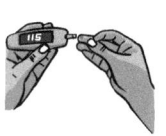

糖尿病

شکر

外科医生

جراح

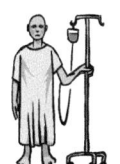

手术刀

سکالپل

手术

عملیات

CT

سي.ټي

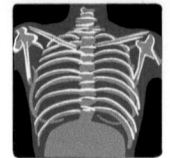

X光

ایکس ری

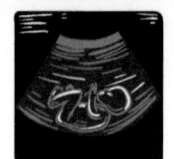

超声波

الټراساونډ

口罩

د مخ ماسک

疾病

ناروغي

候诊室

انتظار خونه

拐杖

امسا

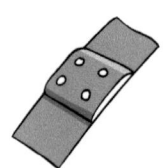

石膏

پلستر

绷带

بنداژ

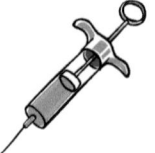

注射

تزريق

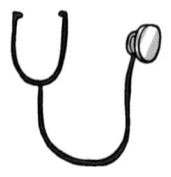

听诊器

ستاتسکوپ

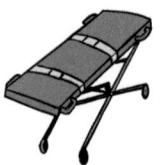

担架

تسکيره

体温计

کلينکي ترماميټر

出生

زيږون

超重

زيات وزن

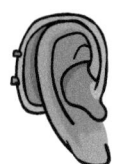

助听器

د اوريدو مرسته

消毒液

د عفونيت څخه پاکونکي مواد

感染

عفونيت

病毒

ويروس

艾滋病

ايچ.آی.وي/ايډز

药物

درمل

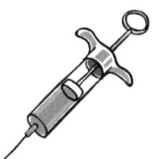

接种疫苗

واکسين

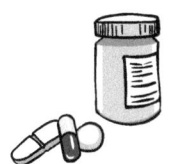

药片

ټابليټس

药丸

ګولی

急救电话

عاجل تليفون

血压计

د ويني د فشار څارونکی

生病/健康

ناروغ/روغ

紧急情况
عاجل

救命！

مرسته!

警报

الارم

突击

يرغل

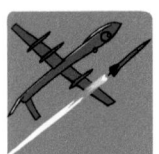

攻击

برید

危险

خطر

紧急出口

عاجل لاره

着火啦！

اور!

灭火器

د اور وژونکی

意外

پیښه

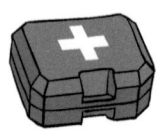

急救箱

د لومړی مرستي لوازم

呼救信号

ایس.او.ایس

警察

پولیس

欧洲

اروپا

北美洲

شمالي امريکا

南美洲

سهيلي امريکا

非洲

افريقا

亚洲

آسيا

澳洲

آسټريليا

大西洋

اتلانتيک

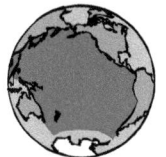

太平洋

پاسيفيک

印度洋

د هند بحر

南冰洋

جنوبي منجمد بحر

北冰洋

د شمال قطب بحر

北极

شمالي قطب

南极

سهيلي قطب

南极洲

انټارکټيکا

地球

ځمکه

陆地

ځمکه

海

بحر

岛

ټاپو

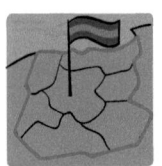

国家

ملت

国家

دولت

钟表

ساعت

钟面

د مخي ساعت

时针

د ساعت ستنه

分针

د دقيقي ستنه

秒针

د ثانيې ستنه

现在几点？

څه وخت دی؟

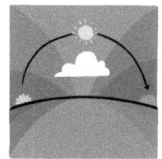

天

ورځ

时间

وخت

现在

اوس

电子表

ډيجيټل ساعت

分

دقيقه

时

ساعت

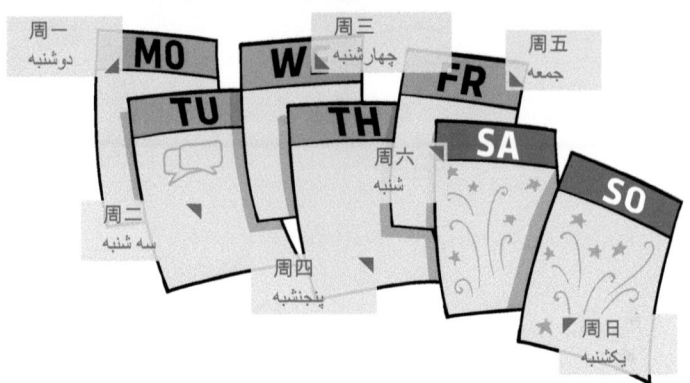

周

اونۍ

دوشنبه
周二
سه شنبه
周三
چهارشنبه
周四
پنجشنبه
周五
جمعه
周六
شنبه
周日
یکشنبه

昨天

پرون

今天

نن

明天

سبا

早晨

سهار

中午

غرمه

晚上

ماښام

工作日

کاري ورځې

周末

د اونۍ پای

雨
باران

彩虹
رنګین کمان

雪
واوره

春
پسرلی

风
باد

秋
منی

夏
اوړی

冬
ژمی

天气预报

د موسم وړاندوینه

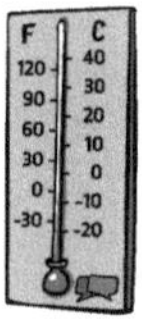

温度计

ترمومیټر

阳光

د لمر وړانګی

云

وریځ

雾

لره

潮湿

رطوبت

闪电

رڼا

打雷

تندر

风暴

توفان

冰雹

ږلۍ وريدل

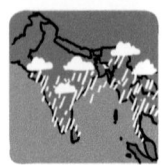

季风

مون سون باران

洪水

سيلاب

冰

يخ

一月

جنوري

二月

فبروري

三月

مارچ

四月

اپرېل

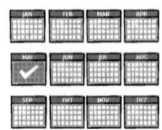

五月

مۍ

六月

جون

七月

جولای

八月

اګست

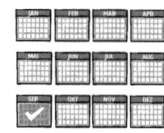

九月

سپتمبر

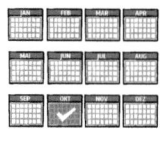

十月

اکتوبر

十一月

نومبر

十二月

دسمبر

形状

شکلونه

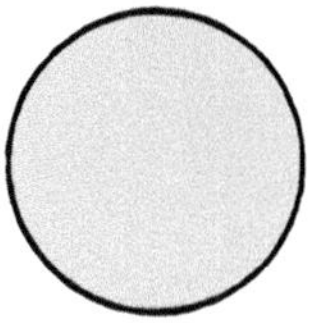

圆形

دايره

正方形

مربع

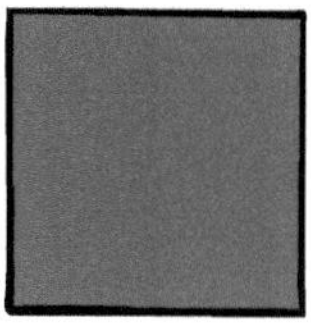

长方形

مستطيل

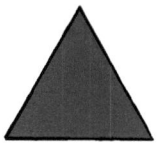

三角形

مثلث

球体

توپ

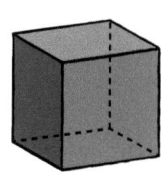

立方体

فال

颜色

رنګونه

白

سپین

黄

ژیر

橙

نارنجي

粉

ګلابي

红

سور

紫

ارغواني

蓝

نیلي

绿

شین

棕

نسواري

灰

خړ

黑

تور

很多/少许

خورا ډیر/خورا لږ

生气/平静

قار/ارام

美/丑

ښکلی/بدشکله

首/尾

پیل/پای

大/小

لوی/کوچنی

明/暗

روښانه/تیاره

兄弟/姐妹

ورور/خور

干净/肮脏

پاک/ککړ

完整/缺失

مکمل/نامکمل

白天/晚上

ورځ/شپه

死/生

مړ/ژوندی

宽/窄

پراخه/نری

可食用/非食用

د خوراک وړ/نه خوړل کیدونکی

邪恶/善良

بد/مهربان

兴奋/无聊

پاریدلی/بې خونده

胖/瘦

چاق/وچ

第一/最后

لومړی/وروستی

朋友/敌人

ملګری/دښمن

满/空

ډک/تش

硬/软

سخت/نرم

重/轻

دروند/سپک

饿/渴

لوږه/تنده

生病/健康

ناروغ/روغ

非法/合法

غیرقانوني/قانوني

聪明/愚笨

هوښیار/ساده

左/右

کیڼ/ښي

近/远

نږدې/لرې

新/旧

نویازور

没有/有些

هیڅ/یوڅه

老/幼

بد/ه خوان

开/关

چالا/بند

打开/合上

خلاصد/ترلی

安静/吵闹

غلی/لور غر

富/穷

بدایه/غریب

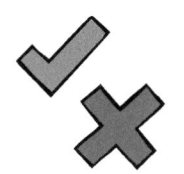

对/错

صحیح/غلط

粗糙/光滑

زبر/ملايم

伤心/高兴

خفه/خوش

短/长

لند/اورد

慢/快

سست/گرندی

湿/干

لوند/وچ

温暖/凉爽

گرم/یخ

战争/和平

جگړه/سوله

数字

شمیرې

0	1	2
零	一	二
صفر	یو	دوه
3	4	5
三	四	五
درې	څلور	پنځه
6	7	8
六	七	八
شپږ	اوه	اته
9	10	11
九	十	十一
نهه	لس	یولس

12
十二
دولس

13
十三
دیارلس

14
十四
څوارلس

15
十五
پنځلس

16
十六
شپاړس

17
十七
وولس

18
十八
اتلس

19
十九
نولس

20
二十
شل

100
百
سل

1.000
千
زر

1.000.000
百万
میلیون

英语

انګلسي

美式英语

امریکایی انګلسي

普通话

چینایی مندرین

印地语

هندي

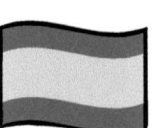

西班牙语

هسپانوي

法语

فرانسوي

阿拉伯语

عربي

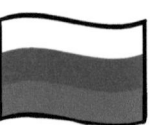

俄语

روسي

葡萄牙语

پرتګالي

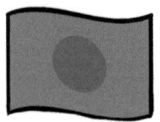

孟加拉语

بنګالي

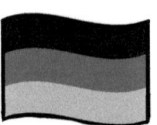

德语

آلماني

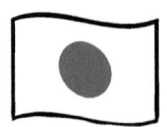

日语

جاپاني

我

زه

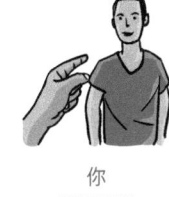

你

ته

他/她/它

هغه/دغه/دا

我们

موږ

你们

تاسي

他们

دوی/هغوی

谁？

څوک؟

什么？

څه؟

怎样？

څنګه؟

哪里？

چیری؟

什么时候？

کله؟

名字

نوم

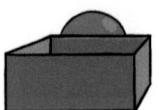

方位

چيرې

后面

شاته

里面

په

前面

په مخه کي

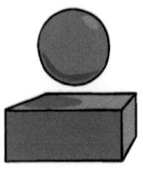

上方

باندي

上面

په

下面

لاندي

旁边

برسيره پر

中间

ترمينځ

地点

ځای